Les Kabaïles

COMPARÉS

AUX NUMIDES

ET

AUX VANDALES.

Par M. EDOUARD LAPENE,

LIEUTENANT COLONEL D'ARTILLERIE,

Auteur de Vingt-six Mois de séjour à Bougie, des Évènements militaires devant Toulouse en 1814 etc. etc.

Erat genus Numidarum infidum, ingenio mobili, novarum rerum avidum.

SALL. bell. Jug. C. XLVI.

A Paris,

Chez ANSELIN et GAULTIER-LAGUIONIE, Libraires,

Rue Dauphine, 36.

A Toulouse,

Chez HENAULT, Imprimeur-Libraire,

Rue St.-Rome.

AVIS.

L'opuscule qui suit est extrait d'un ouvrage plus considérable, sous le titre de *Vingt-six Mois de séjour à Bougie* etc. En faisant imprimer ce passage à part, l'auteur a eu pour but de mettre les rapprochemens singuliers qui s'y trouvent, sous les yeux d'un plus grand nombre de lecteurs.

SAINT-GAUDENS : IMPRIMERIE DE J.-M. TAJAN.

COMPARAISON
Des Kabaïles Modernes
AVEC LES ANCIENS PEUPLES
D'où
ILS SONT PRÉSUMÉS TIRER LEUR ORIGINE·

La haute antiquité, la barbarie et la simplicité à la fois des Kabaïles et Berberes qui habitent les montagnes et les fertiles vallées de l'Atlas, dont nous avons à esquisser le caractère, et les vieilles traditions qui paraissent s'être perpétuées d'âge en âge, fourniraient sans doute une ample matière à de curieuses et profondes investigations. Sans prétendre obtenir ces résultats complets, citons quelques passages de Salluste entièrement appliquables au tribus Kabaïles, quelques traits non moins frappants des mœurs des Germains, d'après Tacite. Le lecteur, je pense, nous saura gré de ce rapprochement entre les Numides, ensuite les Vandales originaires de la Germanie et les tribus actuelles Kabaïles ou Berbères (*)

Guerre de Jugurtha — page 119 — VI. Selon l'usage des Numides, Jugurtha montait à cheval, lançait le javelot disputait le prix de la course à ses compagnons; la chasse occupait également ses loisirs. Il frappait le premier ou l'un des premiers le lion et les bêtes féroces.

«Monter à cheval, jouer avec ses armes et faire des décharges de son fusil à toutes les allures de son cheval, disputer le prix

---

(*) Nous emploierons la traduction de la guerre de Jugurtha de Salluste par Mollevaut, seconde édition; et quant à Tacite celle de Dureau de Lamalle. Le premier alinéa sera toujours la traduction de l'auteur latin ; le suivant, le passage correspondant des mœurs actuelles des Kabaïles et Berbères. Celui-ci commence et se termine par des guillemets.

l

de la course, chasser le sanglier et d'autres bêtes féroces, constitue la vraie éducation des Berbères et des cavaliers Kabaïles. La chasse au lion est la plus redoutable. Encore aujourd'hui il y a d'autant plus d'honneur à aborder cet animal le premier qu'au dire unanime des Arabes, le lion, par un profond instinct de vengeance, se rue sur le premier qui l'attaque, ou choisit dans le groupe des chasseurs celui qui le premier s'est écrié voilà le lion. »

p. 131 — XII. Les Numides suivant leurs ordres apportent sa tête (d'Hiempsal) à Jugurtha.

« La vengeance chez les Arabes, chez les Kabaïles surtout, n'est réputée complète et une mission de sang n'est remplie, qu'autant que la tête de l'ennemi est jetée aux pieds de son rival. »

p. 143 — XVI. Dans le partage de l'empire, ils (les députés Romains) livrent à Jugurtha la partie de la Numidie voisine de la Mauritanie, et la plus fertile, la plus peuplée. Ils mettent Adherbal en possession de cette autre partie qui, avec plus d'apparence et moins d'utilité, avait des ports plus nombreux et de plus beaux édifices.

« Salluste désigne vraisemblablement toute la portion d'Alger, de Médéah, d'Oran et de Tlemcen, la plus riche en effet et la plus peuplée, comme héritage de Jugurtha. L'autre portion, apanage d'Adherbal, comprenait la Numidie proprement dite autour de Cirte, et les provinces de Bone et de Bougie, riches en ports et plus avancées dans la civilisation, mais semées d'âpres montagnes peu cultivées. »

p. 145 — XVIII. Les mers (en Afrique) y sont orageuses et sans ports ; les champs fertiles en grains, favorables aux troupeaux, stériles en arbres, et le ciel et la terre sans eaux ; la race des hommes saine, agile, patiente dans les travaux, ne s'éteint presque jamais que de vieillesse, à moins que le fer ou les bêtes féroces ne leur donnent la mort. La maladie les emporte rarement. Ils ont encore à redouter les nombreuses espèces d'animaux malfaisants.

« Les côtes d'Afrique sont toujours réputées dangereuses sur cette immense longueur de la Malouya aux frontières de Tunis. On n'y a long-temps reconnu de propices que les mouillages de Mers-el-Kébir, d'Arsew, de Bougie, encore celui-ci est-il d'un difficile abord. Le reste du tableau, quant au climat et aux produits du pays, est de la plus exacte vérité. Il serait intéressant, surtout utile, d'essayer des forages artésiens. La réussite ne peut être mise en doute : que devient en effet la grande quantité d'eau qui tombée sur le sol échappe à l'évaporation ? Les Kabaïles sont de nos jours plus sujets aux maladies que les Numides leurs ascendants : la corruption des mœurs chez eux, surtout l'abus des plaisirs vénériens en sont la cause. »

p. 145 — XVIII. Les Gétules et les Libyens possédèrent d'abord l'Afrique. Ces peuples grossiers et ignorants se nourrissaient de la chair sauvage, et paissaient comme les troupeaux. Sans mœurs, sans lois, sans commandement, ils étaient errants et vagabonds, et la nuit seule fixait leur demeure. Mais lorsque Hercule, comme les Africains le pensent, périt en Espagne, son armée, composée de différentes nations, privée de général, divisée par l'ambition des chefs se dispersa bientôt ; et une partie composée de Mèdes, de Perses et d'Arméniens passant en Afrique sur des vaisseaux, occupèrent les lieux les plus voisins de notre mer. Les Perses s'avancèrent davantage vers l'Océan. Leurs carènes renversées leur servirent de cabanes ; car le sol n'offrait point de matériaux, et ils ne pouvaient en tirer d'Espagne ni par achat ni par échange : l'étendue de la mer et la différence du langage empêchaient le commerce. Peu à peu des mariages les confondirent avec les Gétules : et comme pour reconnaître ces contrées ils changeaient souvent de lieux, eux-mêmes s'appelèrent Numides. De nos jours encore, les habitations champêtres des Numides nommées Mapalia, dans leur forme oblongue et leurs toits recourbés, ressemblent à la carène des vaisseaux.

Les Mèdes et les Arméniens s'unirent aux Lybiens. Ce peuple vivait près de la mer d'Afrique, et les Gétules non loin des feux brûlants du soleil. Ces premiers eurent bientôt des villes ; car le détroit qui les sépare des Espagnols leur permit un commerce d'échanges. Les Lybiens altérant peu à peu le nom des Mèdes, dans leur langue barbare, les appelèrent Maures.

La puissance des Perses s'accrut bientôt. Sous le nom de Numides ils s'éloignèrent de leurs familles, à cause de leur multitude, et se fixèrent dans ces contrées voisines de Carthage, appelées Numidie. L'un et l'autre peuple réunirent leurs forces, et domptant leurs voisins par les armes ou par la crainte, ils étendirent et leur nom et leur gloire ; sur tous ceux qui s'étaient avancés vers notre mer, parce que les Libyens étaient moins belliqueux que les Gétules. Les Numides possédèrent enfin presque toute la partie inférieure de l'Afrique, et les vaincus reçurent les lois et le nom des vainqueurs.

« On ne reviendra pas sur l'origine présumée des Kabaïles présentée au commencement de la notice sur ce singulier peuple. Quant aux Gétules et aux Lybiens, leur civilisation ne devait être guère plus avancée que Salluste la présente. Les peuples rapprochés du littoral, savoir les Mèdes et Arméniens, fondus d'abord avec les Libyens, subjugués bientôt les uns et les autres par les Perses et prenant tous le nom de Numides dûrent, à cause des relations de commerce qui s'établirent promptement avec le dehors, se civiliser sans doute les premiers. La forme oblongue de l'habitation du Kabaïle et des siens surmontée d'un comble à deux égouts, quelquefois à quatre pans, rappelle assez la figure qu'indique l'auteur. Cette habitation réduite dans d'autres cantons de de la Kabaïlie à une simple cabane prend alors le nom de Nouala ou Nouaïl. Sans admettre la tempérance des Kabaïles aussi complète, et leur vie aussi misérable que celle de leurs devanciers, encore aujourd'hui les tribus mangent quelques racines et d'autres fruits d'une nature inculte tels que la racine de palmier nain (*Dgerid*), et la tige et la pomme du chardon (*Krouchouf*).

Aux temps les plus anciens, la côte d'Afrique était peuplée sans doute aussi par des nations qui parlaient la langue Grecque, car Numide dérive visiblement de Nomade qui vient du Grec Nomos (pâturage), et semble s'appliquer à un peuple errant et changeant de pâturage, ainsi que Salluste l'indique. »

p. 149--XIX. De Catabathmos, plaine qui sépare l'Afrique de l'Egypte, la première ville le long de la mer est Cyrène, colonie des Théréens, ensuite les deux Syrtes, et entre elles Leptis, puis les autels des Philènes, bornes de l'empire des Carthaginois du côté de l'Egypte, enfin les autres villes puniques. Les Numides occupent le reste du pays jusqu'à la Mauritanie, et les Maures avoisinent l'Espagne. Au-dessus de la Numidie sont les Gétules : les uns vivent sous des cabanes; les autres, errants et sauvages. On trouve ensuite l'Ethiopie et les lieux brûlés des ardeurs du soleil.

Au temps de Jugurtha, la plus part des villes puniques et les dernières conquêtes de Carthage étaient administrées par les magistrats du peuple romain. Une grande partie des Gétules et les Numides, jusqu'au fleuve Mulucha, obéissaient à Jugurtha. Le roi Bocchus commandait à toute la Mauritanie.

« Le théâtre des guerres de Jugurtha, aujourd'hui tout le territoire de l'ex-régence d'Alger, connue sous le nom de Numidie avant Claude, forma depuis cet empereur la Numidie proprement dite et la Mauritanie Césarienne. Depuis le commencement du IVe siècle, une troisième province, la Mauritanie des terres (Sétifense de Sétif sa capitale) fut détachée de la première ; ainsi les états de Jugurtha après ses débats avec les fils de Micipsa, avaient pour limites à l'Est la province de Carthage (aujourd'hui régence de Tunis), à l'Ouest

le fleuve Malouya (frontière de Maroc). Le reste du pays depuis ce fleuve jusqu'à l'Océan peuplé par les Maures, prétendus Mèdes, alors royaume de Bocchus, constitua plus tard la Mauritanie Tingitane ; c'était à l'époque de Jugurtha la Mauritanie proprement dite. »

P. 197—XLVI. Déjà l'expérience avait fait connaître à Metellus la perfidie des Numides, la mobilité de leur caractère et leur amour de la nouveauté.

« La perfidie, la mobilité de caractère, l'amour de la nouveauté, ajoutons le caprice, l'exaltation, le désir de vengeance, constituent encore trait pour trait le caractère du Kabaïle. »

P. 205. Les Numides massacrent notre arrière-garde, harcèlent nos deux ailes, attaquent avec audace, pressent et troublent tous nos rangs. Les plus braves marchent en vain contre l'ennemi : ses mouvemens incertains les déjouent, et, blessés de loin, ils ne peuvent l'atteindre ni le frapper. Instruits d'avance par Jugurtha, les cavaliers Numides, quand les escadrons Romains approchent, ne réunissent, ne serrent pas leurs rangs, mais se dispersent au loin. Si leur nombre ne détourne point l'ennemi de la poursuite, ils enveloppent ses derrières et ses flancs rompus. S'il leur est plus avantageux de fuir sur la colline que dans la plaine, les chevaux Numides, habitués à gravir s'évadent facilement à travers les buissons, tandis que ces lieux âpres, inconnus aux Romains les arrêtent.

« C'est le tableau exact de la tactique employée sous mes yeux par les cavaliers Berbères ou Bédouins; c'est la description presque historique des résultats désastreux de l'affaire de la Macta, et des attaques impuissantes mais multipliées dans les premiers temps devant Oran, et sur d'autres points de l'ex-régence.

Les cavaliers Berbères et ceux des Kabaïles, sont encore désespérants par leur étonnante mobilité et les difficultés qu'ils parviennent à faire surmonter aux chevaux; rien n'arrête cette cavalerie et le terrain de son choix est presque toujours un défilé, les gorges des montagnes, les rochers, obstacles presque insurmontables pour nos cavaliers.»

p. 211 — LIX. Jugurtha s'était retiré dans les lieux couverts de forêts et défendus par la nature. Là il rassemblait une armée plus nombreuse, mais ignorante et lâche, et qui avait cultivé les champs plus que la guerre. Ce vice provenait de ce que chez les Numides la cavalerie du roi le suit seule dans sa fuite; les autres soldats se retirent où il leur plait, sans que cette conduite les déshonore : telles sont les mœurs des Numides.

« A l'exemple de Jugurtha, Abd-el-Kader fuyant aujourd'hui les lieux cultivés semble vouloir établir son réfuge dans les endroits élevés et écartés. La dispersion de l'infanterie, même de la cavalerie, suit toujours une affaire malheureuse, quelquefois une simple campagne de peu de jours. Comme Jugurtha dans sa détresse, l'émir n'a qu'un noyau de cavaliers qui lui obéissent, retenus soit par le devoir, la reconnaissance ou la religion, soit par l'intérêt; il y joint quelque infanterie régulière. »

p. 221 — LIX. Les Numides n'auraient pas long-temps résisté si leurs fantassins mêlés aux cavaliers n'eussent porté dans le choc des coups terribles. Les escadrons appuyés de ces troupes ne chargent point, pour ensuite se replier, selon l'usage de la cavalerie ; mais poussent en avant leurs chevaux, s'enlacent dans l'armée, troublent tous les rangs, et livrent à l'infanterie légère un ennemi à moitié vaincu.

« Cette manière de combattre n'est pas sans exemple chez les Kabaïles. Des fantassins se dispersent entre les cavaliers et trouvent confiance dans cet appui. Il paraît constant qu'à la Macta Abdel-Kader jeta des fantassins en croupe de ses cavaliers pour occuper rapidement mais avec sûreté le point culminant de la position où l'armée Française devait, plus avant dans la journée, défiler entre les hauteurs et le marais; et cette manœuvre assura surtout le succès des Arabes. »

p. 233—LXVI. Les principaux citoyens de Vacca forment un complot; car en général le peuple, mais surtout les Numides, d'un caractère mobile, amis des discordes, des séditions et de la nouveauté, détestent le repos et la paix. Leur plan arrêté, l'exécution en est remise au troisième jour suivant, fête célébrée dans toute l'Afrique, et qui présentait plutôt l'appareil des jeux et des plaisirs que celui de la terreur. Au temps marqué les centurions, les tribuns militaires, et le commandant même de la ville, Titus, Turpilius, Silanus, sont invités par les Numides, et tous [excepté Turpilius massacrés au milieu des festins; ensuite les soldats, dispersés sans armes, sans chef, comme il devait arriver en ce jour sont accablés. Le peuple aussi les poursuit : les uns poussés par la noblesse, les autres excités par le goût de telles entreprises, ils ignoraient ce projet et son exécution; mais le tumulte seul et la nouveauté avaient pour eux assez d'attraits.

« Plus d'un rapprochement se présente à l'esprit entre le massacre de la garnison de Vacca, où les chefs Romains sont conviés sous les apparences les plus pacifiques, puis égorgés, et l'assassinat du commandant supérieur de Bougie qui, appelé le 4 août 1836 sur le terrain pour y traiter de la paix, n'y trouve que d'infâmes meurtriers. L'occasion est ménagée avec un raffinement d'astuce et de perfidie sans égal. Les assassins après avoir accepté des cadeaux, reçu de l'argent, bu et mangé, s'être bien repus, au signal convenu avec leur chef, se ruent sur les victimes désignées, déchargent sur elles les armes à bout portant, et les laissent criblées de balles sur le carreau.

Ainsi que les hommes, les femmes, les enfans Kabaïles suivent l'expédition, marchent à la guerre, s'excitent, s'exaltent, trouvent dans le mouvement, dans le tumulte, dans la péripétie du combat, un certain attrait. »

p. 245 — LXXIV. Près du roi, les Numides se défendent un moment, le reste au premier choc est repoussé et mis en fuite. Les Romains s'emparent des drapeaux, des armes et font peu de prisonniers, car dans presque tous les combats, le Numide compte plus sur la légèreté de ses pieds que sur ses armes.

« Rarement nous avons vu les Arabes résister ou croiser le fer. Avec leurs fantassins une lutte corps à corps est plus rare encore. On peut s'emparer de quelque drapeau, mais quand le dépositaire vient à tomber dans la mêlée, ou qu'il abandonne son étendard, ce qui se voit bien rarement. Il est surtout difficile de faire des prisonniers : la légèreté aux pieds est comme aux vieux jours une qualité incontestable du Kabaïle. »

p. 245 — LXXV. Métellus fait ôter aux bêtes de somme leurs bagages, excepté du froment pour dix jours, et les charge d'outres et d'autres vases, propres à contenir de l'eau; il prend aussi dans les campagnes ce qu'il trouve de bestiaux domptés, leur fait porter toutes sortes de vases, la plus part de bois, et recueillis dans les cabanes des Numides.

« Les bœufs et les vaches porteurs sont encore en usage parmi les tribus Berbères. Cet expédient est trop négligé par nous. Son utilité devrait le rendre plus fréquent : en effet allégé de son chargement qui est distribué quand le besoin d'une colonne l'exige, l'animal devient lui-même une ressource précieuse quand arrive le moment de le livrer au boucher. »

p. 255 — LXXX. Jugurtha avait épousé aussi une fille de Bocchus, mais ces liens sont faibles chez les Numides et les Maures. Chacun d'eux, suivant sa fortune, prend plusieurs femmes, les uns dix, les autres davantage, les rois encore plus. Ainsi distraits par tant d'affections, ils n'en adoptent aucune pour compagne ; elles sont toutes également aviliés.

« Les Musulmans et les Arabes peuvent, suivant la loi de Mahomet avoir jusqu'à quatre femmes s'ils peuvent les nourrir. Les souverains en ont autant que leur richesse, leur caprice ou la coutume l'exigent. Sans être précisément aviliés, elles sont sans considération aucune dans l'intérieur de la maison. On les répudie même sans être tenu de leur assurer une existence. »

p. 281. Capsa, place avantageuse à l'ennemi, d'un accès difficile pour nous, renfermait une race d'hommes changeante perfide et que n'enchaînèrent jamais ni les bienfaits ni la crainte.

« Ce caractère convient encore aux Kabaïles modernes, aussi peu accessibles aux bienfaits qu'à la crainte. L'exaltation, surtout l'indépendance et le caprice voilà leur règle. »

p. 293 — XCVII. Avant que l'armée Romaine puisse se ranger en bataille, rassembler ses bagages, recevoir aucun signal, aucun commandement, la cavalerie Maure et Gétule sans accord, sans discipline mais groupée au hasard fond sur les nôtres.

« Même tactique de nos jours : ces surprises, même sans ordres, sans commandement des chefs, sont toujours à craindre. On en a vu des exemples frappants lors de la première campagne d'Alger, quelquefois à Oran, souvent à Bougie. Le courage individuel chez les hommes, le sang froid et la tête chez les généraux sont les meilleurs moyens d'arrêter l'ennemi et de déjouer ses projets. »

Mœurs des Germains, tome 3 de la Traduction, p. 323. Les Germains ont des chansons de guerre qu'ils entonnent avec cette sorte de cri qui se nomme bardit; ils s'en servent pour exalter leur courage; et à leur chant seul ils augurent du succès qu'aura la bataille. Ils sont intrépides ou intimidés, suivant que leur cri de guerre a été plus ou moins bruyant, et dans ce cri il leur semble entendre l'accent même de la valeur. Ils s'attachent surtout à produire des sons rudes, et un bruit rauque, ayant soin de mettre leur bouclier au devant de leur bouche, afin que leur voix rejaillisse en échos plus terribles et plus retentissants.

« Les Kabaïles et les Berbères préludent au combat par des cris à leur manière ; pendant l'action ils crient pareillement pour s'exciter, s'exalter, ce cri est plus perçant et sifflé que rauque et uniforme. On assure même que les Kabaïles proprement dits, dans les montagnes de Bougie, la main sur là bouche, l'ôtent ou la replacent à volonté pour rendre le son plus sonore ou plus original. »

p. 327 A tout prendre, leur force est dans l'infanterie et ils en entremêlent toujours dans leurs combats de cavalerie. Ils ont des fantassins d'une vitesse singulière, merveilleusement dressés à ce genre de combat, qu'ils choisissent dans toute leur jeunesse et qu'ils placent toujours à la tête de l'armée.

« Les forces des Kabaïles consistent surtout en infanterie. Cependant ils ont autour de Bougie plusieurs centaines de cavaliers : ce sont en général les Scheiks, la noblesse du pays. Les fantassins se mêlent habilement parmi eux, et adroits à s'embusquer dans les broussailles, derrière les arbres, dans les ravins et plis de terrain, à la tête des défilés, ils soutiennent la retraite et surgissent tout à coup quand la circonstance l'exige. »

Même page. Ils trouvent à lâcher pied, pourvu qu'on revienne ensuite à la charge, de la prudence plutôt que de la lâcheté. Même dans les combats où ils ont du désavantage, ils emportent leurs morts.

« Les Kabaïles loin de trouver déshonneur à lâcher le pied, rusent ainsi devant leur ennemi et l'attirent à eux par une retraite simulée. Les morts sont enlevés avec un scrupule religieux, non sans affronter souvent de très-grands dangers, pour remplir ce pieux devoir. Plus d'un assaut est livré sur un cadavre pour l'arracher des mains de l'ennemi. »

p. 328. Pour leurs rois, ils consultent la naissance ; pour leurs généraux la valeur. Leurs rois n'ont pas une puissance illimitée ou indépendante, et leurs généraux commandent par l'exemple plus que par l'autorité. S'ils sont braves, s'ils se distinguent, s'ils combattent au premier rang, l'admiration fait leur titre.

« Chez les Kabaïles le pouvoir théocratique (celui des Marabouts,) est héréditaire. Les Scheiks, c'est-à-dire les chefs des guerriers, sont électifs. Le courage est une condition radicale du commandement. Nul n'oserait l'accepter s'il n'était reconnu le plus capable, le plus digne de commander aux autres, surtout le plus brave. »

MÊME PAGE. Ce n'est point le hasard ni un attroupement fortuit qui compose chaque bande ou chaque escadron : c'est une famille entière, ce sont tous les parens. Ils ont tout près d'eux les gages de leur amour : Ils entendent les hurlemens de leurs femmes, les cris de leurs enfants : ce sont pour eux les témoins les plus redoutables, les Panégyristes les plus flatteurs. Ils portent leurs blessures à leurs mères, à leurs femmes, et elles ne craignent point de les compter et de les juger. De leur côté elles portent aux combattant de la nourriture et des encouragements.

« Les membres d'une même tribu Kabaïle voyagent, émigrent, reviennent, combattent réunis. Les femmes, les enfans, quelquefois les vieillards suivent. Celles-ci encouragent les combattans par leurs paroles, les excitent par leur exemple. Elles se mêlent dans les rangs, ravivent la mêlée par des cris, prêtent secours aux blessés et apportent la nourriture aux combattants.»

P. 230. Il y a plus. Ils supposent à ce sexe je ne sais quoi de religieux, et une sorte d'inspiration. Ils se gardent bien de rejeter leurs avis ou de douter de leurs oracles.

« Ce respect pour les femmes, malgré leur état ordinaire d'infériorité dans la famille, est encore puissant chez les Kabaïles. Quiconque se met sous la protection des femmes devient sacré. La mort certaine à laquelle furent arrachés, par l'intervention des femmes, deux Arabes des nôtres naufragés sur la côte la plus hostile dans la baie de Bougie, et la manière presque merveilleuse dont ces deux malheureux nous furent amenés à Bougie même, n'est pas un des épisodes les moins intéressants de l'occupation de cette ville. »

P. 330. Ils croient aux auspices et à la divination plus que nation au monde.

« Nul peuple n'est plus superstitieux que les Kabaïles. Ils croient aux talismans, à l'efficacité des amulettes. Chaque guerrier, avant de marcher au combat, en est pourvu. Il croit se sanctifier et se rendre invulnérable en portant cousu à son habit quelque verset du Coran. »

p. 332. Les affaires peu importantes sont réglées par les chefs : les autres, par la nation, de manière toutefois que dans celles-ci même, dont la décision appartient au peuple, la discussion est réservée aux chefs.

« C'est trait pour trait la manière dont se traitent les affaires chez les Kabaïles. La délibération est publique ; mais les Scheiks composent l'assemblée, et la volonté et l'influence des plus puissants font la loi. »

MÊME PAGE. Un des inconvénients de leur liberté, c'est qu'ils n'arrivent point à la fois pour n'avoir point l'air d'avoir été commandés, et il se perd deux ou trois jours par leur lenteur à se réunir. Lorsque l'assemblée paraît suffisamment nombreuse, ils prennent place tout armés. Les prêtres, qui sont alors chargés de la police, imposent silence.

« Ce défaut d'accord pour arriver à heure fixe au combat, symbole de fierté et d'indépendance chez les Kabaïles, a fait plus d'une fois notre force devant Bougie, et nous permettait de lutter avec avantage, inférieurs en nombre. Presque toujours les contingents des tribus arrivant isolément donnaient sans ordre et sans direction, et se faisaient battre en détail. Les Kabaïles s'assemblent et délibèrent toujours armés ; les Marabouts règlent la discussion, imposent silence, impriment le respect aux assistants et donnent aux délibérations un caractère de gravité qui n'est pas sans intérêt. »

p. 333. Il y a pour des fautes légères des peines proportionnées. Porter les accusations et les affaires criminelles, les châtiments varient suivant le délit.

Il y a pour des fautes plus légères des peines proportionnées ; les coupables sont condamnés à payer tant de chevaux se contente de la réparation : règlement bien sage dans un pays où la liberté rendrait les inimitiés si terribles.

Nulle nation n'est plus généreuse pour ses convives ni plus hospitalière. Fût-ce le dernier des hommes, c'est un crime de lui fermer sa maison. Chacun reçoit et régale suivant sa fortune. Les provisions sont-elles consommées, celui qui vous a reçu chez lui, vous indique son voisin et vous accompagne ; vous entrez tous deux sans être invités ; peu importe, vous êtes également bien reçu, qu'on soit connu ou non, cela ne fait rien quant à l'hospitalité.

« Les Kabaïles s'appellent Beni, c'est-à-dire, enfants de la tribu. Celle-ci en effet ne forme qu'une famille par les alliances qui se contractent dans son sein. — Ses forces et son illustration tiennent au plus grand nombre de ces alliances; pouvant mettre alors plus de fusils en campagne, la tribu devient plus redoutée. Celle-ci n'étant qu'une famille agrandie par le temps, ce même sang qui coule dans les veines corrobore encore l'intérêt politique qui réunit les éléments de la tribu.

» L'hospitalité entre essentiellement dans les mœurs des Arabes. C'est du sentiment personnel de la faiblesse de l'homme isolé, de cette conviction des besoins auxquels il est soumis que dérive cette vertu. Ce caractère hospitalier encore persistant chez le Kabaïle est modifié par son état à demi sauvage et son caractère rapace. Tel étranger est admis au sein de la famille, s'assied au foyer domestique, mange le pain et le sel, qui le lendemain tombe dans un guet-à-pens tendu par ses propres hôtes de la veille. Ceux-ci retrouvent ainsi le mince sacrifice que la loi de Mahomet et les coutumes reçues lui ont imposé. »

et de brebis. Une partie de l'amende est au profit du roi ou de la cité, l'autre au profit de l'offensé ou de ses proches.

« Tels sont encore les arrêts des chefs Kabaïles. Tout se termine par des amendes dont ils ont soin toujours de retenir une partie suivant la hiérarchie du rang, leur crédit ou leur pouvoir dans l'assemblée. »

MÊME PAGE. Soit qu'ils vaquent aux affaires publiques, ou à leurs affaires particulières, ils sont toujours armés. Mais personne ne peut commencer à porter les armes, avant que la cité l'en ait jugé capable. C'est dans l'assemblée même qu'un des chefs, ou le père, ou un parent, donnent au jeune homme le bouclier et la framée : c'est là leur robe virile ; c'est pour la jeunesse le premier grade : auparavant ils ne sont censés membres que de la famille ; ils le deviennent alors de l'État.

Une très-haute naissance ou des services signalés des pères donnent la dignité de chef à des enfants même, pour ainsi dire.

« Les Kabaïles marchent toujours armés. C'est un signe de liberté d'abord, ensuite une contenance, surtout une sûreté. Comme aux anciens temps, le moment où le jeune Kabaïle est jugé digne d'avoir une arme et de s'en servir, est celui où réellement il est réputé homme. Il compte dès-lors parmi les défenseurs de la tribu. La dignité de scheik sans être héréditaire est donnée de préférence aux descendants des chefs renommés ; c'est un témoignage de reconnaissance de la tribu payé aux enfants pour les services rendus par les devanciers. »

P. 335. Dans un combat, il est honteux au chef de le céder en valeur ; il est honteux aux compagnons de ne point égaler leur chef. Mais surtout c'est une infamie et un opprobre pour le reste de la vie de le laisser mort sur le champ de bataille, et de lui survivre un instant.

« Les chefs donnent l'exemple du courage ; les autres membres de la tribu se groupent autour de lui et l'imitent.

Ceux qui suivent la même fortune dans l'action s'animent, s'exaltent réciproquement. L'acte le plus marqué de courage, sans précisément se donner la mort à côté du chef, est de partager ses périls ; surtout s'il tombe, de le retirer de la mêlée, et s'il est frappé à mort de ravoir à tout prix son cadavre.

p. 337. Ils sont dans l'usage aussi de se creuser des souterrains, qu'ils couvrent et qu'ils chargent de beaucoup de fumier : c'est leur asile l'hiver, c'est le dépôt de leurs grains. Ils sentent moins dans ces lieux la rigueur des froids ; et si l'ennemi vient, il pille ce qui est à découvert ; au lieu que les richesses secrètes et souterraines, ou lui échappent, ou ce qui déjà même est un bien, exigent des recherches.

« L'usage des sillos taillés dans le tuf ou dans les terres compactes est général chez les Kabaïles et les tribus berbères agricoles pour renfermer les grains et les effets précieux. Ces cachettes échappent facilement aux recherches et laissent en toute sûreté les objets qui y sont déposés. »

p. 338. La femme n'apporte point de dot au mari ; c'est le mari qui en apporte à la femme. Le père et la mère, ainsi que les proches, assistent à l'entrevue et reçoivent les présents. Ce sont ces présents qui constituent le mariage.

« Cette coutume s'est propagée jusqu'à nos jours. C'est le mari qui apporte une dot ; celle-ci consiste en têtes de bétail, en tapis, le plus souvent en argent monnayé. Les présents à la fille, à ses parents, précèdent les accords définitifs. Encore aujourd'hui ce sont ces présents qui constituent le mariage. »

p. 342. Plus on a de parents et d'alliés, plus on a de considération dans la vieillesse : il n'y a point là d'avantage à avoir perdu ses enfants.

C'est une obligation d'épouser les haines, ainsi que les affections, soit d'un père, soit d'un parent ; mais les haines ne sont point implacables. On rachète jusqu'à l'homicide, moyennant tant de bœufs ou de brebis, et la famille entière